TERESA
no quiere ser princesa

A todas las **Teresas** del mundo
que se pintan la cara de gato

-Y colorín colorado
este cuento se ha acabado.
Buenas noches, princesa
—le dijo su madre a Teresa.

-Mamá, ¿qué es una princesa?

-Una princesa es...
... a ver cómo te lo explico...
una mujer muy guapa
que espera paciente a un chico.

-A mí no me gusta esperar.

-Una princesa es...
una chica dulce
con una bonita voz
que canta bellas canciones
mientras prepara el arroz.

-Yo no quiero cocinar.

-Una princesa es...
una mujer elegante
que viste siempre con guantes,
y lleva un lujoso vestido
a juego con su marido.

-A mí me encanta
jugar con la arena.
Usar siempre guantes
sería una pena.

-Una princesa tiene
los labios muy rojos,
mejillas encarnadas
y sombra de ojos.

-A mí me gusta pintarme de gato.

SHOW
¡MIAO!

Erase una vez...

-Una princesa siempre
se acaba casando
con un valiente príncipe
que va cabalgando.

-Mamá, pero...
¿esas princesas existen?
—pregunta Teresa
con cara de duda—.
¡Qué rollo tener siempre
que pedir ayuda!

-Bueno, cariño,
son princesas de cuento,
igual que las hadas,
o María Sarmiento.

-Entonces no son reales,
son de imaginación.
Ya veía yo rara
tanta "perfección".

-Claro, mi vida,
esto es la vida real.
No de realeza
sino de verdad.
Ahora las niñas
ya no están tan locas,
hacen lo que quieren,
no lo que les toca.

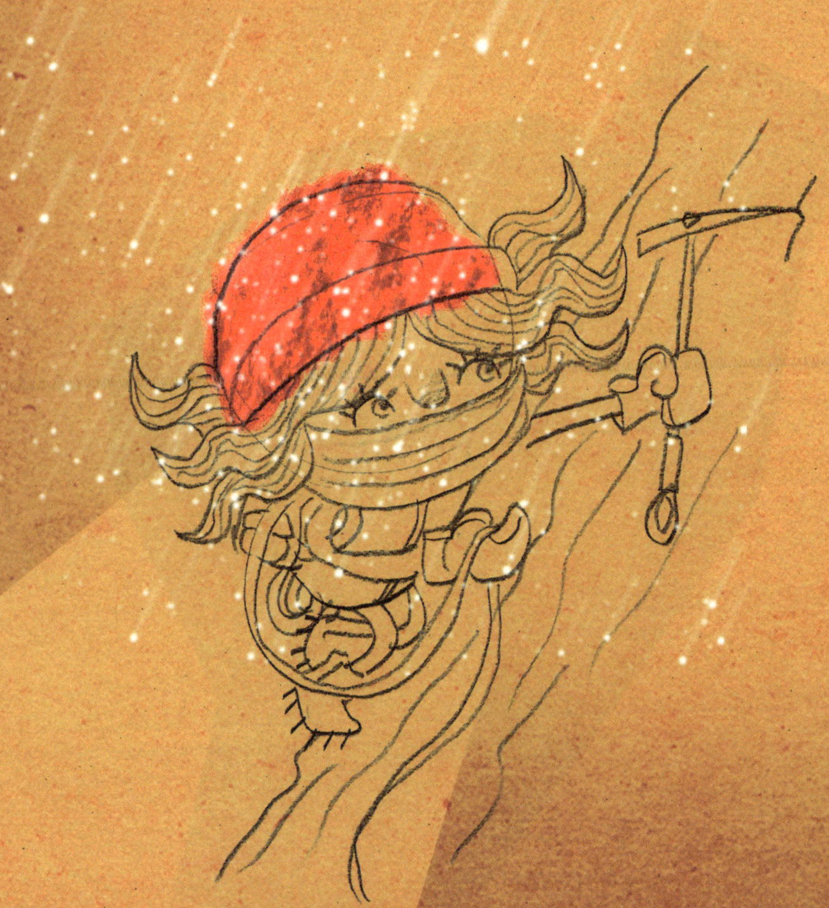

-¿Y los niños también?
-Pues claro, Teresa.
-¿Pueden libremente
vestir de princesa?

–¡Qué buena pregunta!
Eres una maga...
creo que has metido
el dedo en la llaga.

–Se ríen de Nacho
vestido de Blancanieves.
Vino así disfrazado
en la fiesta del jueves.

–Cada persona debería
poder escoger
lo que más le apetezca
y lo que le guste hacer.

A mí me gusta luchar,
saltar y correr,
mancharme en el barro
antes de comer.

¡Ande yo VALIENTE,
ríase la gente!

Y más valiente es Nacho
de Bella Durmiente.

Y pensando estas cosas
Teresa se duerme.
Ninguna princesa
en su sueño aparece.
Ni reales
ni de imaginación.
Ella prefiere
montar en camión,
luchar con espadas,
jugar al balón,
hacer construcciones,
partir un melón,
subirse en lo alto
de su habitación,
o hacerse un disfraz
de camaleón.

Y así fue como la excepción se convirtió en regla.
Porque el mundo está construido
por miles de maravillosas excepciones.

Al día siguiente,
aunque lleva vestido,
con otras amigas
se juega un partido.

Realmente Teresa
no quiere ser princesa,
y acaba la historia
montada en la noria.

La edición de este cuento se ha hecho realidad gracias a muchas personas que han creído en él, lo han apoyado y nos han demostrado que otro mundo es posible. Gente comprometida, soñadora, decidida a construir un futuro mejor para las niñas y los niños.
Sigamos recorriendo ese camino juntxs.

CROWDFUNDEADO
VERKAMI

Cuarta edición: octubre 2022
Primera edición: noviembre de 2017

Autores: Belén Gaudes y Pablo Macías
www.cuatrotuercas.com
cuatrotuercas.blogspot.com
www.prepapa.es

Ilustrador: Nacho de Marcos
nachodemarcos.blogspot.com.es
ndmfantasy.blogspot.com.es

Imprime: Página 1 S.L. (Madrid)

ISBN: 978-84-17006-13-6
DEPÓSITO LEGAL: M-29554-2017

Este libro se ha impreso y encuadernado en Madrid, concretamente en Vallecas y Leganés. ¡Apostamos por la sostenibilidad!

El papel que hemos utilizado es 100% reciclado, así dejamos que los árboles sigan creciendo y tengamos sombra para las siestas y aire puro para respirar.